Volume 5

BIBLIOTECA DO GESTOR

Liderança, Motivação e Comunicação

TÍTULO ORIGINAL
Liderança, Motivação e Comunicação – Volume V

© Manuel Alberto Ramos Maçães e Conjuntura Actual Editora, 2017

Todos os direitos reservados

AUTOR
Manuel Alberto Ramos Maçães

CONJUNTURA ACTUAL EDITORA
Sede: Rua Fernandes Tomás, 76-80, 3000-167 Coimbra
Delegação: Avenida Engenheiro Arantes e Oliveira, n.º 11 – 3.º C
1900-221 Lisboa – Portugal
www.actualeditora.pt

DESIGN DE CAPA
FBA.

PAGINAÇÃO
Edições Almedina

IMPRESSÃO E ACABAMENTO
PAPELMUNDE

Junho, 2017

DEPÓSITO LEGAL
427729/17

Toda a reprodução desta obra, por fotocópia ou outro qualquer processo, sem prévia autorização escrita do Editor, é ilícita e passível de procedimento judicial contra o infrator.

BIBLIOTECA NACIONAL DE PORTUGAL – CATALOGAÇÃO NA PUBLICAÇÃO

MAÇÃES, Manuel, 1946-

Liderança, motivação e comunicação. - (Biblioteca
do gestor ; 5)
ISBN 978-989-694-225-0

CDU   005

Volume 5

BIBLIOTECA DO GESTOR

Liderança, Motivação e Comunicação

Índice

Lista de Figuras 7

Prefácio 9

Direção. 13

Introdução 15

Capítulo 1 – Motivação 17

    Conceito de Motivação. 20
    Teorias da Motivação. 20
    Teoria da Hierarquia das Necessidades de Maslow 21
    Teoria X e Y de McGregor. 23
    Teoria da Motivação-Higiene de Herzberg 25
    Teoria das Três Necessidades de McClelland 27
    Teoria da Fixação de Objetivos 28
    Teoria da Equidade. 29
    Teoria das Expectativas 30

Capítulo 2 – Liderança 33

    Liderança e Gestão 36
    Fontes do Poder dos Gestores 39
    Teorias Clássicas de Liderança 41
    Teoria dos Traços de Personalidade 41
    Abordagem Comportamental 45
    Estudos da Universidade de Iowa 46
    Estudos da Universidade de Ohio 47
    Estudos da Universidade de Michigan 48
    Grelha de Blake e Mouton 48
    Abordagem Contingencial 51
    Modelo de Fiedler 52
    Abordagens Contemporâneas de Liderança 54
    Inteligência Emocional 55
    Liderança Transacional e Liderança Transformacional 58
    Liderança Carismática e Liderança Visionária 61
    Anexo 63
    Estilo de Liderança 63
    Grelha de Liderança de Blake e Mouton 65
    Teste de Blake & Mouton para Auto-avaliação
       do Estilo de Liderança 65
    Grelha de Avaliação 67

Capítulo 3 – Comunicação 69

    Importância da Comunicação 73
    O Processo de Comunicação 74
    Formas de Comunicação 76
    Comunicação Organizacional 77
    Capacidades de Comunicação dos Gestores como Emissores . 80
    Capacidades de Comunicação dos Gestores como Recetores . 81
    Comunicação em Tempo de Crise 82
    Resumo do Volume 86
    Questões 87
    Referências 88

Lista de Figuras

Figura 1.1 Teoria da Hierarquia das Necessidades de Maslow . . . 21

Figura 1.2 Teoria X e Y de McGregor. 24

Figura 1.3 Teoria da Motivação-Higiene de Herzberg 26

Figura 1.4 Modelo da Teoria das Expectativas 31

Figura 2.1 Qualidades do Líder e do Gestor. 37

Figura 2.2 Distinção entre Gestão e Liderança. 38

Figura 2.3 Fontes de Poder. 39

Figura 2.4 Grelha de Gestão de Blake e Mouton 49

Figura 2.5 Teoria Contingencial de Fiedler 54

Figura 3.1 A Comunicação como Função do Gestor. 72

Figura 3.2 Modelo do Processo de Comunicação 76

Figura 3.3 Tipos de Comunicação Organizacional 78

Figura 3.4 Redes de Comunicação em Grupos e Equipas 79

Prefácio

A gestão é uma área do conhecimento das ciências sociais muito recente, na medida em que só a partir dos anos 80 ganhou a maioridade e o estatuto de autonomia relativamente à economia. Para compreendermos este fenómeno basta atentarmos no facto de que, até essa altura, apenas havia cursos de economia, contabilidade e finanças nas nossas universidades e institutos politécnicos, que continham nos seus planos de curso algumas disciplinas de áreas afins à gestão, mas não havia cursos específicos de gestão.

Nos finais do século XX e início do século XXI assistiu-se a um crescimento exponencial da gestão, seja pelo aumento das necessidades das empresas, motivado pela complexidade dos problemas que começaram a ter que enfrentar, em virtude designadamente do fenómeno da globalização e do aumento da concorrência internacional, seja pela forte atração dos candidatos pelos inúmeros programas de licenciatura e pós-graduação em gestão que proliferam pelas universidades e institutos politécnicos. Os números falam por si e os cursos de gestão são dos que motivam maior interesse dos jovens candidatos ao ensino superior e que continuam a oferecer maiores oportunidades de empregabilidade.

Presume-se, por vezes, que os bons gestores têm qualidades inatas e que apenas precisam de pôr em prática essas qualidades para serem bons gestores, relegando-se para segundo plano o estudo das teorias e técnicas de gestão. Nada de mais errado e perigoso. A gestão estuda-se e os bons gestores fazem-se aplicando na prática a teoria. Os princípios de gestão são universais, o que significa que se aplicam a todas as organizações, sejam grandes ou pequenas, públicas ou privadas, com fins lucrativos ou sem fins lucrativos. A boa gestão é necessária em todas as organizações e em todas as áreas de negócio ou níveis organizacionais.

Esta postura de se pensar que, para se ser bom gestor, basta ter bom senso e caraterísticas inatas de liderança é errada, tem um preço elevado e é responsável pelo fracasso e falência de inúmeras empresas e organizações. Ao contrário da opinião generalizada, que advoga a inutilidade dos conhecimentos teóricos, há estudos que comprovam a relação benéfica da teoria com a prática e que há inúmeros casos, em Portugal e no estrangeiro, de empresas bem geridas por executivos com forte formação teórica e académica.

Esta **miopia de gestão**, mesmo entre os gestores, justifica, por si só, a apresentação desta biblioteca do gestor.

O objetivo desta coleção é facultar a estudantes, empregados, patrões, gestores de todos os níveis e investidores, de uma forma acessível, as principais ideias e desenvolvimentos da teoria e prática da gestão. As mudanças rápidas que se verificam no ambiente dos negócios, a nível interno e internacional, pressionam as organizações e os gestores no sentido de procurarem novas formas de resposta aos novos desafios, com vista a melhorar o desempenho das suas organizações. Este livro, bem como os restantes da coleção, visa também estimular o gosto dos estudantes e gestores pelos assuntos da gestão, ao apresentar no final de cada capítulo questões específicas para discussão de cada tópico.

Ao elaborar esta coleção, tivemos a preocupação de ir ao encontro das necessidades que hoje se colocam aos gestores e de tornar o texto relevante e facilmente percetível por estudantes e gestores menos versados em temas de gestão. Além de sistematizar os desenvolvimentos da teoria da gestão, desde a sua origem até aos nossos dias e de estudar as funções do gestor, nesta coleção são apresentados e discutidos os principais métodos, técnicas e instrumentos de gestão nas áreas da produção, do marketing, da gestão financeira e da gestão dos recursos humanos, para além da preocupação de fazer a ligação da teoria com a prática. Daí a razão da escolha do título para a coleção…

Direção

A direção é uma das quatro funções dos gestores que está relacionada com todas as atividades organizacionais e envolve a interação entre a gestão e os trabalhadores. Dirigir é orientar e coordenar os esforços individuais dos colaboradores no sentido de atingir os objetivos comuns da organização. Dirigir é motivar, liderar e comunicar.

Neste volume, vamos estudar as principais teorias e modelos de motivação, de liderança e de comunicação. A motivação visa compreender as forças internas e externas que estimulam os colaboradores a acreditar na organização e a lutar para que os objetivos sejam atingidos, enquanto a liderança focaliza a capacidade do líder influenciar os colaboradores com vista a atingir os objetivos.

Finalmente, é estudada a comunicação, que é a capacidade do gestor persuadir e influenciar as pessoas. Comunicar de forma efetiva é o principal desafio que se coloca aos gestores, já que tudo o que os gestores fazem envolve comunicação.

Depois de ler e refletir sobre este capítulo, o leitor deve ser capaz de:

- Definir o conceito de direção.
- Definir o que é a motivação e descrever as principais teorias da motivação.
- Definir o conceito de liderança.
- Descrever as principais teorias da liderança.
- Discutir as principais abordagens contemporâneas da liderança.
- Definir o que é a comunicação.
- Analisar o processo de comunicação.
- Definir e descrever comunicação organizacional.
- Destacar a importância da comunicação em tempos de crise.

Introdução

As organizações existem para alcançar objetivos, mas para funcionar precisam de pessoas. O sucesso de qualquer organização depende em larga medida da satisfação das necessidades, desejos e ambições dos trabalhadores. O problema é que as pessoas são complexas, com comportamentos difíceis de prever e de controlar. A compatibilização dos objetivos individuais dos membros da organização com o desempenho da empresa é um dos principais desafios que se colocam aos gestores modernos.

A direção é a função dos gestores responsável pela articulação da ação dos indivíduos no contexto organizacional. Ao contrário das outras funções dos gestores – planeamento, organização e controlo – a direção é um processo complexo de gestão de relações interpessoais entre os membros da organização. Dirigir é orientar e coordenar os esforços individuais dos colaboradores no sentido de atingirem os objetivos da organização. Dirigir é liderar, motivar e comunicar.

A direção desempenha um papel fundamental para a consolidação de boas relações de trabalho entre os trabalhadores e a gestão. Por isso, é uma das principais e mais importantes funções dos gestores.

O primeiro capítulo começa por introduzir o conceito de motivação, seguindo da apresentação das principais teorias e modelos de motivação. A motivação visa compreender as forças internas e externas que estimulam os colaboradores a acreditar na organização e a lutar para que os objetivos sejam atingidos. No segundo capítulo far-se-á a análise do fenómeno da liderança e a abordagem das principais teorias contemporâneas da liderança. A liderança focaliza a capacidade do líder influenciar os colaboradores no sentido de atingirem os objetivos.

Finalmente, no terceiro capítulo será estudada a comunicação organizacional, que é a capacidade do gestor persuadir e influenciar as pessoas. Comunicar de forma efetiva é o principal desafio e responsabilidade que se coloca hoje aos gestores, já que tudo o que os gestores fazem envolve comunicação.

Capítulo 1
Motivação

As organizações são grupos de pessoas estruturadas em torno de objetivos comuns. Acontece que, por vezes, os objetivos individuais não coincidem e podem mesmo ser conflituantes com os objetivos da organização. Cabe ao gestor a tarefa de compatibilizar os objetivos dos trabalhadores com os objetivos organizacionais. A esta tarefa, que é uma das mais difíceis e complexas funções do gestor, chama-se motivação.

Mesmo que a estratégia adotada esteja correta e a estrutura organizacional seja ajustada à estratégia, uma organização só será eficaz se os seus membros estiverem motivados para atingirem elevado desempenho. Daí a importância da motivação e dos gestores conhecerem as formas de motivarem os seus colaboradores.

Neste capítulo, vamos descrever o conceito de motivação, as teorias da motivação e por que os gestores precisam de promove-la para que a organização seja eficaz e consiga atingir os objetivos propostos. Cada teoria fornece algumas ideias sobre a forma como os gestores podem motivar os membros da organização.

Conceito de Motivação

No âmbito organizacional, pode definir-se motivação como a disponibilidade dos indivíduos para despender níveis elevados de esforço para atingir os objetivos da organização. Indivíduos motivados esforçam-se mais, mas nem sempre na direção dos objetivos organizacionais.

O desafio que se coloca ao gestor é procurar que os esforços individuais sejam dirigidos conscientemente para os objetivos organizacionais. Mas a motivação é também um processo de satisfação de necessidades. Necessidades não satisfeitas criam tensões e estados de desconforto que motivam comportamentos que fazem as recompensas parecer atrativas. Os indivíduos esforçam-se como consequência do desconforto e da tensão criados por necessidades não satisfeitas.

Para a organização, a motivação dos trabalhadores no desempenho das suas funções deve ser consistente e compatível com a satisfação das necessidades individuais.

Teorias da Motivação

As teorias clássicas da motivação partem do pressuposto de que as pessoas agem para satisfazer as suas necessidades. Esta perspetiva é representada pelos autores clássicos desde Frederick Taylor e Elton Mayo a Abraham Maslow, Frederick Herzberg e David McClelland.

Mais recentemente foram desenvolvidas teorias e modelos mais complexos sobre o comportamento e motivação dos trabalhadores, de que destacamos as teorias da equidade e das expectativas, a analisar e desenvolver mais à frente.

Teoria da Hierarquia das Necessidades de Maslow

Um dos principais teóricos da motivação foi o psicólogo Abraham Maslow (1908-1970), que desenvolveu a primeira explicação sobre o papel da satisfação das necessidades na motivação. De acordo com a **teoria da hierarquia das necessidades**, o comportamento individual é motivado por múltiplos estímulos internos, a que chamou necessidades, que são estados de carência ou privação e que estas necessidades existem numa ordem hierárquica.

Maslow identificou cinco tipos gerais de necessidades por ordem ascendente, que designou por pirâmide das necessidades (Figura 1.1):

Figura 1.1 Teoria da Hierarquia das Necessidades de Maslow

- **Necessidades fisiológicas** – incluem as necessidades básicas de alimentação, abrigo, repouso, água e oxigénio. No local de trabalho, as necessidades fisiológicas refletem-se na necessidade de aquecimento, intervalos para descanso e um salário base para assegurar a sobrevivência.
- **Necessidades de segurança** – estas necessidades incluem a proteção contra o perigo, doença, como a segurança física e emocional. No local de trabalho, as necessidades de segurança refletem a segurança no trabalho e de emprego e regalias sociais.
- **Necessidades sociais** – estas necessidades refletem o desejo de ser aceite pelos pares, amizade, fazer parte de grupos e ser estimado e amado. Na organização, estas necessidades influenciam o desejo de ter bom ambiente de trabalho, participação em grupos de trabalho ou reuniões e ter um bom relacionamento com os superiores.
- **Necessidades de estima** – estas necessidades traduzem o desejo de reconhecimento, reputação e de merecer a atenção e reconhecimento dos outros. Dentro da organização, as necessidades de estima refletem-se na motivação pelo reconhecimento e *status*, no aumento da responsabilidade e ser solicitado pela organização.
- **Necessidades de auto-realização** – estas necessidades incluem a oportunidade de desenvolvimento e realização pessoal, aceitar desafios, criatividade e autonomia.

De acordo com a teoria de Maslow, as necessidades de nível inferior (fisiológicas e segurança) devem ser satisfeitas antes de serem ativadas as necessidades de nível superior (sociais, estima e auto-realização). As necessidades devem ser satisfeitas de acordo com a sua hierarquia, ou seja, as necessidades fisiológicas devem ser satisfeitas antes das necessidades de segurança, as necessidades de segurança antes das necessidades sociais e assim sucessivamente. Uma vez satisfeita, uma necessidade perde importância e é ativada a necessidade de nível superior. As necessidades satisfeitas já não motivam o trabalhador.

A motivação de uma pessoa depende do conhecimento que temos do nível em que está essa pessoa na hierarquia das necessidades. Para motivar os seus colaboradores, o gestor deve conhecer o nível hierárquico das suas necessidades. Um gestor de topo ou um gestor intermédio não se motiva por ligeiros aumentos dos seus vencimentos, mas sim com outros benefícios, como comparticipação nos resultados da organização ou com atribuição de ações.

Teoria X e Y de McGregor

O economista americano Douglas McGregor (1906-1964) concluiu que os gestores têm opiniões radicalmente diferentes sobre a melhor forma de utilizar os recursos humanos. Classificou estas opiniões num conjunto de assunções que chamou **Teoria X** e **Teoria Y**. As diferenças básicas entre estas duas teorias estão sintetizadas na Figura 1.2:

Teoria X e Y de McGregor	
Teoria X	*Teoria Y*
• As pessoas não gostam de trabalhar • As pessoas têm reduzida ambição • As pessoas necessitam de elementos coercisos no seu trabalho • As pessoas querem evitar responsabilidades • As pessoas resistem à mudança • As pessoas necessitam de ser controladas e preferem ser dirigidas	• As pessoas são enérgicas • As pessoas são ambiciosas e responsáveis • As pessoas consideram o trabalho realizador • As pessoas procuram responsabilidades • As pessoas gostam de contribuir para a mudança • As pessoas têm capacidade de autocontrolo e de se autodirigirem perante os objetivos

Figura 1.2 Teoria X e Y de McGregor

Os gestores que subscrevem a **Teoria X** assumem que os trabalhadores são naturalmente preguiçosos, têm reduzida ambição, não gostam de trabalhar, evitam responsabilidades e necessitam de ser estreitamente controlados. Esta teoria assume que as necessidades de nível inferior predominam.

Pelo contrário, os gestores adeptos da **Teoria Y** assumem que os trabalhadores são naturalmente enérgicos e participativos, consideram o trabalho como uma atividade natural, estão orientados para a mudança e para o crescimento, procuram responsabilidades, são automotivados e estão interessados em ser produtivos. Esta teoria assume que dominam as necessidades de nível superior.

McGregor argumenta que é mais provável que os gestores que defendem a Teoria Y tenham trabalhadores satisfeitos e motivados. Trata-se de uma teoria que é demasiado simplista e de difícil aplicação na prática, mas tem o mérito de realçar e classificar o comportamento dos gestores em função das atitudes que assumem em relação aos trabalhadores.

Teoria da Motivação-Higiene de Herzberg

O psicólogo americano Frederick Herzberg (1923-2000) desenvolveu, na década de 50, uma importante teoria motivacional, conhecida como a **teoria dos dois fatores da motivação**, segundo a qual os fatores responsáveis pela motivação são substancialmente diferentes daqueles que determinam a insatisfação e a desmotivação no trabalho. Segundo este autor, a satisfação e insatisfação no trabalho dependem de dois fatores: **fatores higiénicos,** como as condições de trabalho, os salários, as relações interpessoais, etc. e **fatores motivacionais,** como a natureza do trabalho, a autonomia, a auto-realização e o reconhecimento por um trabalho bem feito.

De acordo com a teoria da motivação-higiene de Herzberg, os **fatores higiénicos** são responsáveis pela insatisfação do trabalho, mas, quando satisfeitos, não têm efeito sobre a satisfação. Por exemplo, os trabalhadores ficam insatisfeitos se estiveram convencidos de que têm poucas condições de trabalho, mas, se as condições de trabalho forem melhoradas, não ficarão necessariamente satisfeitos; simplesmente não ficarão insatisfeitos. Se os trabalhadores não receberem um reconhecimento pelo sucesso do seu trabalho, poderão ficar nem satisfeitos nem insatisfeitos. Se houver reconhecimento ficarão mais satisfeitos.

Por outro lado, existem **fatores motivacionais** que influenciam a satisfação no trabalho. Realização, reconhecimento, progresso e responsabilidade são alguns fatores motivacionais. Com base nesta teoria, os gestores devem estar cientes de que a realização dos fatores higiénicos é condição necessária mas não suficiente para a motivação dos trabalhadores. Enquanto os fatores motivacionais estão diretamente relacionados com o trabalho que os empregados desempenham, os fatores higiénicos referem-se às condições ambientais em que trabalham.

A Figura 1.3 ilustra a Teoria da Motivação-Higiene de Herzberg:

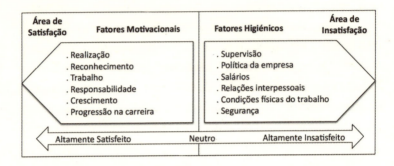

Figura 1.3 Teoria da Motivação-Higiene de Herzberg

Herzberg acredita que quando os fatores motivacionais estão presentes, os trabalhadores estão altamente motivados e satisfeitos. Os fatores higiénicos e os fatores motivacionais representam dois fatores distintos que influenciam a motivação. Os fatores higiénicos atuam só na área de insatisfação, enquanto os fatores motivacionais atuam na área de motivação.

Esta teoria tem implicações claras para os gestores. O papel dos gestores consiste, numa primeira fase, em remover os fatores higiénicos para eliminar a insatisfação dos trabalhadores e depois atender aos fatores motivacionais para aumentar a satisfação e a motivação. Herzberg conclui que a motivação dos trabalhadores não pode resultar senão de fatores motivacionais como o enriquecimento das tarefas.

Teoria das Três Necessidades de McClelland

A última teoria que enfatiza a teoria das necessidades foi desenvolvida por David McClelland (1917-1998). Esta teoria propõe que certos tipos de necessidades são adquiridos pelos indivíduos ao longo da vida. São três as necessidades mais comuns dos indivíduos:

1. **Necessidade de realização** – relativa ao desejo de alcançar objetivos difíceis e superar os outros.
2. **Necessidade de poder** – corresponde ao desejo de influenciar e controlar o comportamento dos outros, ter poder e autoridade sobre eles.
3. **Necessidade de afiliação –** refere-se ao desejo de criar e manter relações interpessoais estreitas, evitar o conflito e estabelecer fortes relações de amizade.

Ao contrário de Maslow, McClelland entende que a configuração destas necessidades depende de indivíduo para indivíduo, uma vez que são apreendidas ao longo da vida de forma diferente consoante os indivíduos. Também, ao contrário de Maslow, entende que estas necessidades não são hierárquicas e estão presentes nos indivíduos com intensidades diferentes. Algumas pessoas têm elevada necessidade de poder, enquanto outras têm forte necessidade de afiliação.

McClelland, nas suas pesquisas sobre as necessidades humanas e as suas implicações na gestão, concluiu que os indivíduos com forte necessidade de realização estão associados a elevados níveis de desempenho e que os gestores de sucesso tendem a ter elevada necessidade de poder e reduzidas necessidades de afiliação.

Teoria da Fixação de Objetivos

A teoria da fixação de objetivos, desenvolvida por Edwin Locke e Gary Latham, admite que os gestores podem aumentar a motivação dos trabalhadores, através do estabelecimento de objetivos ambiciosos, mas realistas e aceites pelos subordinados.

De acordo com esta teoria, a fixação dos objetivos, para motivar os trabalhadores, deve obedecer simultaneamente a quatro caraterísticas:

- **Devem ser específicos e mensuráveis** – devem ser concretos e sem ambiguidade. Por exemplo, crescer 10% ao ano, ou atingir um volume de vendas de X milhões de euros são objetivos específicos.
- **Devem ser ambiciosos** – devem ser difíceis de atingir. Objetivos difíceis motivam mais do que objetivos fáceis.
- **Devem ser aceitáveis** – significa que os empregados devem compreender e aceitar os objetivos e sentir que têm as condições necessárias para os atingir. Comprometem-se com eles. Para conseguirem o comprometimento dos empregados nos objetivos, os gestores devem envolve-los na fixação desses mesmos objetivos.
- **Deve haver *feedback*** sobre a realização dos objetivos. É importante para os gestores haver um sistema regular de controlo dos objetivos.

Esta teoria tem como principal contribuição para a gestão a importância do estabelecimento de objetivos como ferramenta de motivação dos trabalhadores. Quanto mais específicos, quantificáveis e mensuráveis forem esses objetivos, mais eficazes serão na motivação dos trabalhadores. Por outro lado, os gestores devem montar um sistema de controlo de modo a que os trabalhadores canalizem as suas energias e ajustem o seu desempenho na direção desses objetivos.

Teoria da Equidade

A teoria da equidade, desenvolvida por J. Stacey Adams, coloca a ênfase na perceção pessoal do indivíduo sobre a razoabilidade ou justiça relativa na sua relação laboral com a organização. É uma teoria que defende que um fator a considerar na motivação é a perceção do empregado acerca da justiça/equidade da recompensa recebida pelos resultados alcançados, em comparação com os colegas.

De acordo com esta teoria, se o trabalhador percebe que as suas compensações são iguais aos outros que têm igual desempenho, então sente que é tratado com justiça e igualdade. Para Adams as pessoas avaliam a equidade pelo rácio *inputs*/benefícios. Os *inputs* significam o que a pessoa investe no trabalho, como a formação, a experiência, o esforço e a capacidade. As recompensas do trabalho incluem o ordenado, o reconhecimento, os benefícios e as promoções. O rácio *inputs*/benefícios pode ser comparado com os outros trabalhadores do grupo ou com a média do grupo.

Se os rácios *inputs*/benefícios, dentro de um grupo, são iguais, existe equidade; se, pelo contrário, os rácios são desiguais há iniquidade. Existe iniquidade, por exemplo, quando uma pessoa com um alto nível de formação ou experiência recebe o mesmo ordenado que um jovem com um nível de formação inferior. Se os empregados detetam iniquidades, por exemplo um empregado contribui mais para a empresa com os mesmos recursos, então eles próprios tendem a reduzir essas iniquidades, ajustando o seu comportamento, designadamente reduzindo os seus *inputs*, trabalhando mais e melhorando a sua formação ou, em último caso, mudando de emprego. Ao mudar de emprego, as pessoas esperam encontrar nos seus novos empregos uma maior equidade na distribuição dos benefícios.

A principal implicação desta teoria para os gestores é que os benefícios devem ser percebidos como justos para que sejam motivadores. Os gestores não devem estar preocupados apenas com as remunerações absolutas, mas também com as remunerações relativas, ou seja, devem preocupar-se também com a comparação dos benefícios que os outros recebem. Por exemplo, um aumento de salários ou uma promoção podem ter um efeito desmotivador se são percebidos pelos trabalhadores como iníquos relativamente aos outros.

Teoria das Expectativas

A teoria das expectativas, desenvolvida pelo psicólogo Victor Vroom nos anos 60, defende que a motivação é alta quando os trabalhadores acreditam que altos níveis de esforço conduzem a elevado desempenho e elevado desempenho leva a atingir os objetivos desejados. O esforço de trabalho de uma pessoa para alcançar determinado nível de desempenho depende da sua expectativa em relação aos resultados que espera obter do seu esforço e desempenho.

A teoria das expectativas baseia-se nos três elementos da motivação - esforço individual, desempenho individual e resultados (Figura 1.4):

Figura 1.4 Modelo da Teoria das Expectativas

De uma forma sintética, de acordo com a teoria das expectativas, uma elevada motivação resulta de altos níveis de esforço, do desempenho e do valor atribuído a um objetivo (valência). Se algum destes fatores for baixo, a motivação tende também a ser baixa. As relações entre estes três elementos representam as principais componentes da teoria das expectativas:

- **Relação entre esforço individual e desempenho** – as expectativas de uma pessoa acerca do grau de dificuldade de um desempenho de sucesso influenciam as suas decisões sobre o comportamento desejado. Geralmente as pessoas tendem a escolher o nível de desempenho que pareça ter a máxima probabilidade de obter o resultado desejado. Se um gestor acredita que não tem capacidade para desempenhar uma atividade com sucesso, a sua expectativa será baixa e a motivação também.
- **Relação entre desempenho e resultados** – os indivíduos esperam certos resultados do seu comportamento e esses resultados influenciam as decisões sobre

as ações individuais. A expectativa dos indivíduos é que o desempenho bem-sucedido leve ao resultado desejado. A expectativa acerca do resultado influencia a sua decisão de assumir ou evitar a tarefa.
- **Valência** – é o valor que o indivíduo atribui às recompensas obtidas em resultado do seu desempenho. Se os resultados que resultam do esforço e do bom desempenho não são valorizados pelos empregados, então a motivação será baixa. Por exemplo, se um gestor valoriza o convívio com os colegas e amigos, a promoção e deslocalização para outro local ou país com um ordenado mais elevado tem valência inferior à de um gestor que valoriza a realização e o reconhecimento.

A teoria das expectativas tem importantes implicações para a gestão. Enfatiza a importância de compatibilizar os objetivos individuais dos empregados com os objetivos da organização. Para isso, o sistema de incentivos da organização deve adaptar-se às necessidades e objetivos dos empregados. Paralelamente, esse sistema deve estar relacionado com o desempenho do indivíduo no cargo.

Capítulo 2
Liderança

Vimos no Volume 1 que uma das quatro principais funções dos gestores é a direção e que dirigir é motivar, liderar e comunicar. Vimos também que a motivação é uma das mais complexas funções do gestor, mas nem todos os gestores obtêm os mesmos resultados na motivação dos seus colaboradores. Isso acontece porque nem todos os gestores são líderes.

A liderança é a capacidade de influenciar as pessoas com vista a atingir os objetivos. A liderança é provavelmente o elemento chave para o sucesso empresarial, juntamente com a motivação e a comunicação, as quais estão, aliás, intimamente ligadas. São os líderes de topo que fazem a diferença nas organizações. Uma liderança forte é importante a todos os níveis de gestão, desde a gestão de topo à gestão de primeira linha, passando pela gestão intermédia.

Neste capítulo, vamos definir o que se entende por liderança, fazer a distinção entre gestão e liderança e apresentar as principais teorias que procuram explicar como a liderança pode influenciar o comportamento e desempenho das organizações.

Liderança e Gestão

Podemos definir liderança como o conjunto de processos e comportamentos usados por alguém para motivar, inspirar e influenciar comportamentos de outras pessoas com vista a alcançar os objetivos da organização. Um líder é a pessoa que exerce essa influência e inspira esses comportamentos. Uma liderança efetiva aumenta as capacidades da organização para enfrentar novos desafios. Quando a liderança é forte, os subordinados estão altamente motivados nos objetivos da organização, são comprometidos e obtêm bons resultados.

Muito se tem escrito sobre o papel de liderança dos gestores. A gestão e a liderança são ambas importantes nas organizações. Todos os gestores são líderes? Porque liderar é uma das quatro funções dos gestores, idealmente todos os gestores devem ser líderes. Os bons gestores devem também ser líderes, porque associam as qualidades de gestão e liderança e ambas contribuem para o fortalecimento da organização. A gestão e a liderança refletem dois conjuntos de qualidades e capacidades diferentes que se sobrepõem na mesma pessoa. Uma pessoa pode ter mais qualidades de um ou do outro, mas idealmente um gestor desenvolve um balanceamento das qualidades do líder e do gestor (Figura 2.1):

Qualidades do Gestor

CEREBRAL
. Racional
. Persistente
. Resolve problemas
. Analítico
. Estruturado
. Deliberado
. Autoritário
. Estabilizador
. Poder legítimo

Qualidades do Líder

EMOCIONAL
. Visionário
. Creativo
. Flexível
. Inovador
. Inspirador
. Corajoso
. Imaginativo
. Promove a mudança
. Poder de referência

Figura 2.1 Qualidades do Líder e do Gestor

A principal diferença entre gestão e liderança é que a gestão promove a estabilidade, a ordem e a resolução de problemas numa organização. A liderança promove a visão, a criatividade e a mudança. Liderança significa questionar o *status quo* existente para uma nova ordem mais atual, mais produtiva e socialmente mais responsável. A liderança não pode substituir a gestão; pode adicionar à gestão. A boa gestão é necessária para ajudar a organização a cumprir os seus compromissos, enquanto a boa liderança é necessária para lançar a empresa para o futuro.

Um dos erros mais comuns é considerar que liderança e gestão significam a mesma coisa, quando na realidade são conceitos diferentes. Uma pessoa pode ser um gestor, um líder, ambos ou nem uma coisa nem outra. Um bom líder pode não ser um bom gestor, mas um bom gestor deve ser também um bom líder. Algumas das distinções básicas entre liderança e gestão estão enunciadas na Figura 2.2:

Figura 2.2 Distinção entre Gestão e Liderança

A gestão e a liderança têm áreas que se sobrepõem, mas têm também áreas distintas. A gestão focaliza-se principalmente nas atividades de planeamento, organização, direção e controlo (funções da gestão), enquanto a liderança está mais relacionada com atividades como ter uma visão para a organização, estabelecer o rumo e influenciar os seus seguidores no sentido dos objetivos organizacionais. Um líder deve ser um bom comunicador e ser capaz de influenciar, motivar e inspirar os outros. O gestor assegura que os objetivos são atingidos, através de planos, orçamentos, aplicação de recursos, organização, resolução de problemas e controlo de objetivos.

Alguns autores postulam que a liderança é um aspeto do papel da gestão, mas fazem notar que ser um bom gestor implica necessariamente que seja um bom líder. Todavia, um indivíduo pode ser um líder sem ser um bom gestor e pode ser um gestor sem ser um líder, mas um gestor que não é líder não será um bom gestor, porque lhe falta uma visão para a organização. Em suma, um bom gestor terá que ser um bom líder, mas um bom líder poderá não ser um bom gestor se descurar as funções do gestor.

Fontes do Poder dos Gestores

Os gestores a todos os níveis têm o seu próprio estilo de liderança. Seja qual for o estilo pessoal do líder, a componente-chave da liderança encontra as suas origens no poder que o líder tem de exercer influência sobre o comportamento das outras pessoas. Há vários tipos de poder que os líderes têm: **poder legítimo, poder de recompensa, poder coercivo, poder de competência e poder de referência** (Figura 2.3):

Figura 2.3 Fontes de Poder

O poder é usado pelos gestores para influenciar o comportamento dos outros e levá-los a agir de determinada maneira. A liderança efetiva deve adotar medidas para assegurar que haja níveis suficientes de liderança de cada tipo e que o poder é usado para fins benéficos.

1. **Poder legítimo** – é a autoridade que o gestor tem e que resulta da posição hierárquica que ocupa na organização, porque foi eleito ou designado para desempenhar essa função.
2. **Poder de recompensa** – é a capacidade que o gestor tem de atribuir benefícios ou recompensas aos colaboradores. As recompensas podem ser tangíveis, como promoções, aumento de salários ou distribuição de lucros em função dos objetivos, ou ser intangíveis, como agradecimentos pelo trabalho desenvolvido ou elogios públicos ou em privado. Os gestores podem utilizar o poder de recompensa para sinalizar que os colaboradores estão a fazer um bom trabalho e que os seus esforços são reconhecidos.
3. **Poder coercivo** – é a capacidade que um gestor tem de punir ou controlar os outros. A punição pode assumir diversas formas como a reprimenda oral ou por escrito, o processo disciplinar, a redução de incentivos e até o despedimento. O poder coercivo pode ter efeitos negativos, como a desmotivação ou o ressentimento e só deve ser usado quando é necessário.
4. **Poder de competência** – baseia-se em capacidades específicas ou conhecimentos do líder. A natureza deste poder varia em função do nível hierárquico do gestor. Para os gestores de primeira linha ou gestores intermédios, este poder baseia-se muitas vezes na experiência e na capacidade técnica do líder. A sua experiência e capacidade técnica dão-lhe capacidade de influência sobre os subordinados.

5. **Poder de referência** – resulta de caraterísticas pessoais do líder que os trabalhadores respeitam e reconhecem. É o poder que resulta do respeito, da admiração e da lealdade que o líder incute nos colaboradores. É um poder que pode ajudar os gestores de topo e os gestores intermédios a serem verdadeiros líderes. Os gestores podem aumentar o seu poder de referência dedicando atenção aos seus subordinados e interessando-se pelos seus problemas e dificuldades.

Teorias Clássicas de Liderança

Apesar dos líderes terem influenciado profundamente a história, só no último século surgiram estudos científicos sobre a liderança. Os primeiros estudos focavam os traços ou caraterísticas pessoais dos líderes, enquanto os estudos mais recentes estão mais preocupados em analisar os comportamentos dos líderes.

Teoria dos Traços de Personalidade

Os primeiros investigadores sobre liderança acreditavam que os líderes têm qualidades únicas ou traços que os distinguem das outras pessoas. Esta abordagem dos traços de liderança induz os investigadores a focarem-se na identificação dos traços essenciais de liderança, incluindo a inteligência, domínio, autoconfiança, energia, dinamismo e conhecimentos sobre o seu trabalho. Com a proliferação dos estudos, a lista de potenciais traços de liderança tornou-se tão extensa que retirou utilidade prática a esta abordagem, para além dos resultados de muitos estudos se revelarem inconsistentes. Por exemplo, alguns autores argumentaram que os grandes líderes eram altos, como Lincoln, mas rapidamente surgiram críticas argumentando que Napoleão Bonaparte ou Hitler eram baixos e, não obstante, cada um à sua maneira, foram grandes líderes.

Dada a inconsistência dos resultados, esta abordagem foi abandonada durante muito tempo, mas recentemente tem sido retomada, mas agora considerando apenas um conjunto limitado de traços de liderança, tais como a inteligência emocional, a inteligência mental, a motivação, honestidade e integridade, autoconfiança, conhecimento do negócio e carisma. Apesar de tudo e não obstante as críticas, hoje acredita-se que fatores físicos e biológicos, como a aparência, a dimensão e a postura, podem ter um papel importante na liderança.

Todas as pessoas, incluindo os gestores, têm certas caraterísticas duradouras que influenciam a maneira como pensam e se comportam no trabalho ou nas relações sociais. Essas caraterísticas são **traços de personalidade** que influenciam os comportamentos das pessoas e dos gestores. É importante conhecer as personalidades dos gestores porque estas personalidades influenciam o modo como gerem as pessoas e os recursos disponíveis.

Personalidade é o conjunto de atitudes psicológicas e comportamentos que distingue uma pessoa de outra. Recentemente, os investigadores têm identificado um conjunto de cinco traços de personalidade que são muito relevantes para as organizações. Estes cinco traços, conhecidos como os **cinco grandes traços de personalidade (*big five*) são: extroversão, afetividade negativa, amabilidade, consciencialização e abertura de espírito:**

- **Extroversão** – é a tendência para uma pessoa ter pensamentos e humores positivos e sentir-se bem consigo própria e com o mundo. Os gestores extrovertidos tendem a ser sociáveis, afetuosos, comunicativos e amigáveis. Os gestores introvertidos ou pouco extrovertidos tendem a ser mais pessimistas e a ser pouco sociáveis. Ser altamente extrovertido pode ser uma vantagem para gestores cujas funções exigem altos níveis de interação social, como é o caso das funções comerciais. Um gestor introvertido pode ser altamente eficiente em funções que não exigem grande interação social, como é o caso de funções de estudo e investigação.
- **Afetividade negativa** – é a tendência para uma pessoa ter pensamentos e humores negativos, sentir angústias e ser crítica consigo própria e para com os outros. Os gestores com elevada afetividade negativa podem sentir-se frequentemente irritados e insatisfeitos e criar mau ambiente de trabalho. Os gestores com pouca afetividade negativa não tendem a ter emoções e humores negativos e são menos críticos consigo próprios e com os outros. É mais agradável trabalhar com gestores com pouca afetividade negativa, porque provavelmente são melhores as relações de trabalho dentro da equipa.
- **Amabilidade** - é a tendência para uma pessoa conviver bem com as outras pessoas. As pessoas com elevada amabilidade são agradáveis, tendem a ser afetuosas e a preocuparem-se com os outros. Os gestores com baixos níveis de amabilidade tendem a ser mais desconfiados, antipáticos e às vezes não colaborantes. Ser amável é especialmente importante para os gestores

cujas funções exigem que se desenvolvam relações estreitas com os outros. No entanto, um baixo nível de amabilidade pode ser necessário em funções que exigem que os gestores sejam antagonistas. É o caso de funções que exigem autoridade de comando.
- **Consciencialização** - é a tendência para uma pessoa ser cuidadosa, escrupulosa e perseverante. Os gestores com elevados níveis de consciência são organizados e autodisciplinados. A consciencialização tem sido considerada um bom indicador de desempenho em muitos tipos de funções em muitas organizações. Os gestores com elevada consciencialização tendem a focar-se em relativamente poucos focos ao mesmo tempo, o que leva a que tendam a ser organizados, sistemáticos, cuidadosos, responsáveis e autodisciplinados. Os gestores pouco conscientes tendem a tratar de uma grande variedade de tarefas, o que leva a que sejam desorganizados, irresponsáveis e indisciplinados. Pessoas com elevada consciência tendem a ter melhores desempenhos em variadas tarefas.
- **Abertura de espírito** – é a tendência para uma pessoa ser original, ser aberta à mudança e gostar de arriscar. Os gestores com elevados níveis de abertura são curiosos e estão abertos a novas ideias e mudam as suas próprias ideias, crenças e atitudes em resposta a nova informação. Gestores com baixos níveis de abertura tendem a ser menos recetivos a novas ideias e têm menos vontade de mudar as suas mentes. Os gestores com maior abertura de espírito têm muitas vezes melhor desempenho, dada a maior flexibilidade e aceitabilidade nas organizações.

A teoria dos cinco grandes traços de personalidade continua a merece grande atenção tanto de investigadores como de gestores, porque constitui um conjunto integrado de traços válido para prever alguns comportamentos em determinadas situações.

Abordagem Comportamental

Enquanto a teoria dos traços acreditava que o líder nasce com caraterísticas inatas de liderança, os investigadores da abordagem comportamental, desenvolvida a partir de meados do século passado, começaram a acreditar que a liderança pode ser treinada e procuraram identificar as caraterísticas comportamentais dos líderes eficazes. O objetivo da abordagem comportamental da liderança é determinar os comportamentos tipo dos líderes eficazes. Estes investigadores assumem que os comportamentos dos líderes eficazes diferem dos comportamentos dos líderes menos eficazes e que os comportamentos dos líderes eficazes se mantêm em todas as situações.

Esta corrente de pensamento identificou duas formas básicas de comportamentos dos líderes:

- **Orientação para a tarefa**: ocorre quando um líder está focado na forma como as tarefas devem se executadas com vista a atingir determinados objetivos e determinados níveis de desempenho.
- **Orientação para as pessoas**: ocorre quando um líder está focado na satisfação, motivação e bem estar dos seus colaboradores.

Hoje crê-se que os bons líderes devem procurar combinar de forma adequada ambos os comportamentos, ou seja, devem procurar aumentar o desempenho sem descurar o aumento da satisfação no trabalho e a motivação dos colaboradores.

Estudos da Universidade de Iowa

Estudos realizados por Kurt Lewin na Universidade de Iowa identificaram três estilos de liderança:

- **Estilo autocrático**: carateriza-se pela centralização da autoridade e do processo de tomada de decisão, pela determinação autoritária da forma e métodos de trabalho e pela fraca participação dos colaboradores. Este estilo de liderança está ligado ao líder centralizador, que toma decisões unilaterais e que determina as tarefas e os métodos de trabalho, não deixando espaço para muita participação dos colaboradores.
- **Estilo democrático:** distingue-se pela participação e envolvimento dos colaboradores no processo de tomada de decisão, pela delegação de poderes e pela decisão em conjunto. O líder envolve os seus colaboradores nos processos de decisão, incentiva a participação, procura delegar responsabilidades e usa o *feedback* para apoiar os colaboradores.
- **Estilo liberal (*laissez-faire*)**: evidencia-se por dar ao grupo total liberdade para decidir e executar o trabalho. Não é um verdadeiro líder.

Na prática, o gestor utiliza os três estilos de liderança de acordo com a tarefa, as pessoas e a situação concreta. Os investigadores procuraram compreender qual dos três estilos de liderança era mais eficaz e concluíram que o *laissez-faire* é o mais ineficaz, sendo os resultados dos outros estilos mistos quanto ao desempenho, mas a qualidade e satisfação no trabalho são maiores com um líder democrático.

Estudos da Universidade de Ohio

Os estudos da Universidade de Ohio representam uma importante contribuição para o desenvolvimento das teorias comportamentais da liderança. O objetivo das pesquisas consistia em compreender qual a eficácia dos comportamentos de liderança orientados para a tarefa (estrutura de iniciação) e para as pessoas (consideração).

A estrutura de iniciação corresponde à extensão em que um líder define a estrutura, o trabalho a realizar, as relações entre as pessoas, os canais de comunicação e a forma como o trabalho é realizado pra atingir os objetivos. Um líder caraterizado por alta estrutura de iniciação define as tarefas para cada um dos membros do grupo e especifica metas de desempenho esperadas.

A consideração refere-se à extensão em que um líder propicia relações de trabalho baseadas na confiança mútua e no respeito pelas ideias e sentimentos dos membros do grupo. Um líder com alta consideração é amigável, sensível aos problemas e sentimentos dos colaboradores, acessível e preocupado com o bem-estar e conforto dos colaboradores.

Os estudos demonstram que líderes com alta estrutura de iniciação e elevada consideração pelos subordinados estão associados a um melhor desempenho e a uma maior satisfação. No entanto, os líderes com alto nível de estrutura ou alto nível de consideração nem sempre são eficazes.

Estudos da Universidade de Michigan

Os investigadores da Universidade de Michigan chegaram a resultados semelhantes aos da Universidade de Ohio. O objetivo dos seus estudos, tal como os da Universidade de Iowa e Ohio, era também a identificação das caraterísticas comportamentais de liderança que induzem à eficácia do desempenho. As duas dimensões do comportamento da liderança deste modelo são a orientação para os trabalhadores e para a produção. Os líderes voltados para o colaborador enfocam as relações interpessoais, respeitam e consideram o indivíduo na organização, enquanto os líderes orientados para a produção enfatizam aspectos técnicos da tarefa e consideram os membros da organização meros meios para atingir os fins.

Os resultados desta investigação mostram que os líderes voltados para os trabalhadores apresentam maiores índices de desempenho e de satisfação. Os líderes voltados para a produção apresentam menor produtividade e menor satisfação dos trabalhadores.

Grelha de Blake e Mouton

A visão bidimensional da liderança, segundo a qual o líder pode combinar dois estilos diferentes, voltado para a tarefa ou para as pessoas, levou Robert Blake e Jane Mouton (1985), pesquisadores da escola de Ohio, a desenvolverem uma grelha de gestão que define cinco estilos de liderança em função dos dois fatores referidos, em que no eixo das abcissas se representa a **preocupação com a produção** e no eixo das ordenadas a **preocupação com as pessoas**, em escalas de 1 (reduzido) a 9 (elevado) (Figura 2.4):

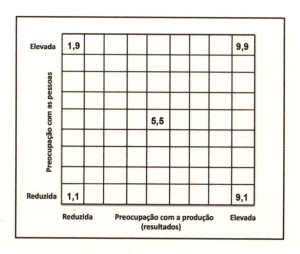

Figura 2.4 Grelha de Gestão de Blake e Mouton

Conjugando os dois fatores, a grelha de Blake e Mouton descreve cinco estilos de liderança:

- **Empobrecimento (estilo 1,1)** – estes líderes dedicam o mínimo esforço quer às pessoas quer à produção. São líderes somente de nome e fazem pouco esforço para melhorar o desempenho ou encorajar as pessoas para atingirem elevados níveis de desempenho. São descritos como líderes *laissez-faire*.

- **Orientação para a Produção (estilo 9,1)** – a principal preocupação destes líderes é conseguir eficiência e atingir os objetivos. Prestam pouca atenção às necessidades e bem estar dos colaboradores. São descritos como líderes com estilos de liderança autocrática. São líderes autoritários e ditatoriais.
- **Meio Termo (estilo 5,5)** – estes líderes mostram alguma atenção quer à satisfação dos colaboradores quer aos objetivos, mas apenas o suficiente para as coisas irem andando.
- **Country Club (estilo 1,9)** – estes líderes dedicam a sua principal atenção aos aspetos humanos e à criação de um bom ambiente de trabalho. Os objetivos são para se ir atingindo.
- **Orientação para a Equipa (estilo 9,9)** – estes líderes envolvem todos os elementos do grupo de trabalho no planeamento e no processo de tomada de decisão. Procuram o empenhamento e participação das pessoas nos objetivos da organização. São descritos como líderes com estilos de liderança democrática e participativa.

Blake e Mouton acreditavam inicialmente que o estilo de liderança (9,9) era o mais adequado em todas as situações. Todavia, hoje acredita-se que, em certas circunstâncias, os líderes orientados para a tarefa obtêm melhores resultados, por exemplo, quando supervisionam trabalhos repetitivos, executados por colaboradores inexperientes e desmotivados. De igual modo, o estilo de liderança (1,9) funciona melhor com quadros altamente qualificados, experientes e motivados. Contudo, será provavelmente acertado afirmar-se que o estilo de liderança (1,1) não funcionará bem em nenhuma situação.

As teorias comportamentais procuraram identificar tipos de comportamento com maior impacto no aumento da eficácia do desempenho dos colaboradores. Esta abordagem acreditava que, conhecendo-se o comportamento responsável pela liderança eficaz, era possível treinar as pessoas para se tornarem líderes efetivos.

No entanto, aspetos como as caraterísticas dos seguidores e os fatores do contexto ambiental não foram abordados pelas teorias comportamentais, o que levou ao surgimento das teorias contingenciais.

Abordagem Contingencial

A abordagem contingencial de liderança assume que o comportamento adequado do líder varia de uma situação para outra. Para autores como Fiedler e Vroom tornou-se claro que prever o sucesso não se restringia à identificação de alguns traços de liderança ou comportamentos preferenciais. Esta impossibilidade de obter resultados convincentes, levou os investigadores a considerar as contingências ou influências da situação. Esta abordagem alerta para o facto de que a liderança não depende apenas do líder, mas antes da relação entre o líder e os liderados e da situação envolvida no processo de liderança.

Quer a abordagem dos traços, quer a abordagem comportamental da liderança são universais por natureza, na medida em que procuram prescrever comportamentos do líder que podem conduzir a um conjunto universal de resultados e de consequências. Por exemplo, os defensores da perspetiva universal pensam que pessoas inteligentes ou indivíduos sempre focados nas pessoas serão sempre bons líderes. Na realidade, as investigações mais recentes têm demonstrado que esta abordagem é demasiado simplista e não é verdadeira.

A abordagem contingencial da liderança procura identificar várias formas de comportamento do líder que resultam em resultados contingenciais, ou seja, resultados que dependem de elementos situacionais e de caraterísticas do líder e dos seus seguidores.

As caraterísticas de liderança incluem o sistema de valores dos gestores, a confiança nos subordinados, a estabilidade e os comportamentos atuais. Por sua vez, as caraterísticas dos subordinados incluem as necessidades de independência dos subordinados, capacidade de assumir responsabilidades, tolerância, assunção dos objetivos, conhecimentos, experiência e expectativas. As caraterísticas situacionais que afetam a tomada de decisão incluem o tipo de organização, a eficácia, o problema em causa e as pressões momentâneas.

Modelo de Fiedler

Fred Fiedler (1967) desenvolveu uma das primeiras teorias contingenciais da liderança. Para Fiedler, o desempenho efetivo do grupo depende da conjugação do estilo do líder e do grau em que a situação permite ao líder o seu controlo e influência, ou seja, da situação organizacional mais favorável para o sucesso. Segundo o autor, o estilo de liderança de uma pessoa não é flexível, sendo ineficiente tentar mudar o estilo de liderança do gestor para se adaptar a uma nova situação.

O modelo de Fiedler procura relacionar dois estilos de liderança – líderes voltados para a tarefa e líderes voltados para as pessoas – com três fatores contingenciais:

- **Relações líder-colaboradores** – grau de confiança, aceitação e respeito que os colaboradores têm em relação ao líder. Se os sentimentos dos colaboradores forem positivos em relação ao líder, então a situação é favorável ao líder, caso contrário é desfavorável.
- **Estrutura das tarefas** – grau de estruturação das tarefas, de especificação dos procedimentos e definição de objetivos. Se as tarefas forem definidas com elevado grau de organização, a situação é de alta estruturação das tarefas e é considerada favorável ao líder.
- **Posição de poder do líder**– o grau de influência do líder nas atividades baseadas no poder. Se o líder tiver poder de promover, recompensar, punir ou demitir qualquer elemento do grupo, a situação é favorável ao líder.

A combinação destas três caraterísticas com os dois estilos de liderança referidos, origina oito situações de liderança (Figura 2.5):

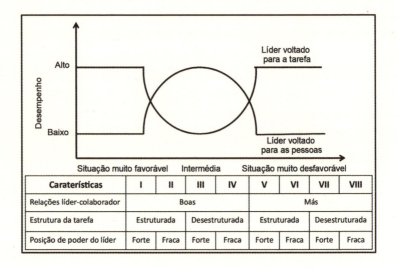

Figura 2.5 Teoria Contingencial de Fiedler

De acordo com o modelo de Fiedler, os líderes mais voltados para a tarefa são mais eficazes em situações favoráveis ou desfavoráveis, ao passo que os líderes mais voltados para as pessoas são mais eficazes em situações intermédias. Dado que, como vimos, não se pode alterar o estilo de liderança do gestor, a melhor solução é escolher um gestor com determinado estilo de liderança para a situação em que se adapta melhor.

Abordagens Contemporâneas de Liderança

As teorias clássicas da liderança permitiram avançar no entendimento do que é a liderança. Todavia, trata-se de teorias complexas e difíceis de aplicação na prática. Essa dificuldade tem levado ao aparecimento de novas abordagens que partilham uma visão mais pragmática e mais compreensível do fenómeno da liderança.

As abordagens contemporâneas apresentam algumas teorias sobre liderança dentro da abordagem sistémica, que não dissociam a empresa e o líder do contexto em que se inserem. Estas abordagens ampliam o papel do líder, que passa a contemplar aspetos intangíveis da gestão e não apenas indicadores mensuráveis.

Inteligência Emocional

O conceito de inteligência emocional tem sido desenvolvido nos últimos anos e tem trazido achegas interessantes ao conceito de personalidade. **Inteligência emocional** é a capacidade de entender e controlar os humores e emoções do próprio e os humores e emoções dos outros.

Os gestores com elevados níveis de inteligência emocional têm mais probabilidade de entenderem os seus próprios sentimentos e emoções e são mais capazes de os controlarem do que os gestores com baixos níveis de inteligência emocional.

Uma elevada inteligência emocional contribui significativamente para se criar um ambiente de colaboração e trabalho em equipa, que é crucial para o bom desempenho das organizações. Gestores com elevada inteligência emocional têm mais facilidade para interagir de forma positiva num grupo, mesmo que seja diversificado em termos sociais e culturais.

A inteligência emocional refere-se ao grau em que as pessoas são autoconfiantes, podem gerir as suas emoções, podem motivar-se a si próprias, expressam empatia para com os outros e possuem capacidades de relacionamento social e interpessoal.

Quando os gestores estão sob tensão ou stress, como o medo ou a ansiedade, a inteligência emocional permite entender e controlar mais facilmente esses sentimentos ou emoções, de modo a que não prejudiquem a tomada de decisão. A inteligência emocional ajuda os gestores a relacionarem-se com as outras pessoas e a transmitir e manter o entusiasmo e confiança dos subordinados. Pode também ser importante para estimular a criatividade dos colaboradores.

Para a liderança, a inteligência emocional é fundamental. As grandes organizações já não recrutam e selecionam os seus gestores com base somente nos seus conhecimentos, qualificações ou experiência profissional. Os melhores líderes devem usar as suas aptidões ou capacidades para gerir pessoas multiculturais e multigeracionais e a inteligência emocional é a chave para conseguir um bom relacionamento entre pessoas com culturas e estilos de vida diferentes.

Estudos demonstram que pessoas com elevada inteligência emocional podem ter melhores desempenhos que os outros, especialmente em funções que requerem um elevado grau de interação pessoal e que implica influenciar ou orientar o trabalho dos outros.

Mas a inteligência emocional é inata ou pode ser desenvolvida? Claro que pode ser desenvolvida e há hoje várias ferramentas para o efeito, desde avaliações mais modernas de personalidade, que avaliam não apenas o quociente de inteligência (Teste de QI) mas também o nível de inteligência emocional (Teste de QE), ao *coaching* em que o indivíduo pratica formas de comportamento diferentes para desempenhar melhor as suas relações com os colaboradores, com as chefias ou com os seus pares.

Quociente Emocional (QE) é o conjunto de capacidades emocionais, como autocontrolo, empatia, autoestima, autoconfiança, afabilidade, automotivação, resiliência, auto-conhecimento e outros traços pessoais que ajudam no desempenho individual e facilitam os relacionamentos interpessoais, ou seja, é a capacidade do indivíduo para perceber, controlar, avaliar e expressar as suas emoções.

O QE é composto de dois tipos de inteligência - a inteligência intrapessoal e a inteligência interpessoal – e é preciso reunir cinco capacidades para se ter um bom QE:

1. **Autoconhecimento emocional** – capacidade de conhecer os seus próprios sentimentos e emoções quando ocorrem.
2. **Controlo emocional** – capacidade para lidar com os seus próprios sentimentos, adequando as suas reações a cada situação.
3. **Automotivação** – capacidade de saber conduzir as emoções, os sentimentos e os esforços no sentido dos objetivos pretendidos.
4. **Empatia** – capacidade de tentar compreender os sentimentos e emoções nas outras pessoas, sabendo colocar-se no lugar delas e procurar reagir de acordo com o que é percebido por essas pessoas. Empatia é diferente de simpatia, porque simpatia é uma resposta intelectual, enquanto a empatia é uma reação emocional.
5. **Sociabilidade** – capacidade de desenvolver relacionamentos interpessoais amigáveis. Sociabilidade é a capacidade de ser sociável, isto é, a capacidade de viver ou conviver com outras pessoas. É diferente de socialização, que é o processo pelo qual o indivíduo aprende

a viver em sociedade, assimilando os hábitos, as normas e os costumes do grupo social em que se insere.

Se um gestor de topo quer ter uma organização com um bom clima organizacional, deve conhecer o seu nível de inteligência emocional e o nível de inteligência emocional dos gestores intermédios e de primeira linha de modo a melhor interagir com eles. A era do gestor patrão que impunha a sua autoridade através de gritos, ameaças e assédio moral e que tem a mentalidade de que paga aos colaboradores para trabalharem, independentemente do seu estado emocional, é uma visão do passado.

Liderança Transacional e Liderança Transformacional

As teorias clássicas da liderança baseiam-se no comportamento dos líderes no seu relacionamento com os seus colaboradores. Os novos desenvolvimentos da liderança focalizam-se, não no comportamento dos líderes, mas no tipo de incentivo ou recompensa que o líder oferece, distinguindo-se dois tipos de abordagens: **liderança transacional** e **liderança transformacional.**

Os **líderes transacionais** apelam aos interesses e necessidades básicas dos colaboradores para alcançar os objetivos pretendidos e guiam e motivam os seus colaboradores nos seus próprios objetivos. Os líderes transacionais recorrem às necessidades dos seus colaboradores e procuram manipular as pessoas, através da oferta de recompensas e atribuição de benefícios, como promoções, aumentos de salários, com vista a defender os seus próprios interesses.

O papel dos líderes transacionais tem sido argumentado como sendo diretamente relacionado com o reforço e refinamento da aprendizagem organizacional (Vera & Crossan, 2004). Estes autores sugerem que este tipo de comportamento de liderança pode ser conducente a promover a inovação organizacional, o que pode contribuir para reduzir a complexidade organizacional e a ambiguidade, através do estabelecimento de objetivos claros e incentivos que induzam mudanças nos processos, práticas e estruturas.

A liderança transacional consiste em duas dimensões distintas: **incentivo contingente** e **gestão ativa por exceção** (Hartog & Koopman, 2011). Incentivo contingente implica a clarificação e especificação do que é esperado dos membros da organização e da avaliação de objetivos e subsequente benefício pela sua realização. Através do incentivo contingente, os líderes constroem o envolvimento para a realização dos seguidores (Avolio et al., 1999; Bass e Avolio, 1993). Enquanto Amabile (1996, 1998) argumenta que o estabelecimento de tais contratos tem sido argumentado para dificultar a criatividade e resulta em menos iniciativas para conduzir a novas formas de trabalhar, Elenkov & Manev (2005) mantêm que o impacto do benefício contingente na inovação de gestão pode ser positivo.

O **líder transformacional** define-se pela sua capacidade de realizar inovações e mudanças no contexto organizacional. Este tipo de líder inspira os seus colaboradores a transcenderem os seus interesses pessoais em favor da organização. Ao contrário do líder transacional, o líder transformacional não depende de incentivos ou recompensas materiais para motivar os seus colaboradores, focalizando-se noutras dimensões, como a visão, os valores e as ideias para desenvolver um relacionamento mais profundo com os seus seguidores.

Estimula o crescimento e desenvolvimento dos colaboradores (*empowerment*), faz os colaboradores sentirem-se importantes, a atenderem aos objetivos organizacionais e apela a um elevado nível de necessidades para autorealização (Lindebaum & Cartwright, 2010).

A liderança transformacional consiste em quatro dimensões: (1) **influência idealizada**; (2) **motivação inspiracional**; (3) **estimulação intelectual** e (4) **consideração individualizada** (Avolio et al., 1999). A influência idealizada representa o grau segundo o qual os líderes são admirados, respeitados e confiáveis. Esta dimensão inclui o comportamento carismático que leva os seguidores a identificarem-se com o líder e a motivarem-se para atingir os objetivos.

A motivação inspiracional proporciona o entendimento e desafia os seguidores a criar espírito de equipa. A estimulação intelectual incita os seguidores a questionarem e a serem criativos. Os líderes transformacionais asseguram que a criatividade e a inovação são parte dos processos de resolução de problemas.

A consideração individualizada inclui a extenção segundo a qual o potencial dos seguidores é desenvolvido atendendo às suas necessidades individuais, bem como criando oportunidades de aprendizagem e um ambiente propício ao crescimento.

Através da influência idealizada, os líderes transformacionais podem estimular a inovação de gestão, partilhando o risco de ações inovativas com os seguidores (Bass et al., 2003), incentivando-os a desafiar os processos de gestão, as práticas e as estruturas existentes (Bass, 1994).

Através da motivação inspiracional, os líderes transformacionais enfatizam a relevância de procurar novas formas de fazer as coisas e de encorajar sinergias trabalhando em conjunto (Bass et al., 2003). A motivação inspiracional constitui, através da motivação intrínseca dos seguidores, um condutor poderoso para procurar formas criativas de induzir mudanças nos processos de gestão, nas práticas ou estruturas (Amabile, 1996, 1998).

Através da estimulação intelectual, os líderes transformacionais encorajam os seguidores a questionar a eficácia das práticas da gestão corrente da organização (Sosik, 1997). Os líderes transformacionais mostram grandes expectativas e confiança na capacidade dos seguidores para encontrarem soluções progressivas em vez das soluções meramente mais apropriadas (Bass, 1994; Jung et al., 2003).

Através da consideração individualizada, os líderes transformacionais manifestam apreciação por cada um dos seguidores e pelas suas ideias (Sosik, 1997). A consideração individualizada também fomenta a atenção e a participação distribuída na mudança das práticas e processos de gestão (Bass, 1994), fazendo os seguidores saber que os seus trabalhos relevam e são valorizados pelos líderes da organização (Amabile, 1998). A liderança transformacional contribui para o avanço dos processos, das práticas e das estruturas organizacionais.

Liderança Carismática e Liderança Visionária

Tal como os líderes transformacionais, os líderes carismáticos também se caraterizam pela capacidade de motivar os colaboradores. A liderança carismática está fortemente ligada à capacidade que uma pessoa tem de cativar os demais, causando sobre eles um efeito motivacional que leva os seus seguidores a transcenderem-se e a trabalhar excecionalmente para a concretização dos objetivos da organização.

O líder carismático é um líder entusiasta, autoconfiante, tem uma visão e é um agente de mudança, cuja personalidade e ações inspiram os colaboradores a agir de certa maneira e a serem melhores do que seriam normalmente. Os líderes carismáticos têm normalmente a arte da liderança visionária.

Uma visão é um futuro ideal e atrativo que ainda não é uma realidade. É uma componente importante quer da liderança carismática quer da liderança transformacional. Um líder visionário tem capacidade de criar e articular uma visão de futuro realista, atrativa e credível para a organização. Tem paixão e fala ao coração das pessoas, fazendo-as sentir que fazem parte de algo muito maior do que elas próprias. Onde os outros veem obstáculos e dificuldades, os líderes carismáticos veem oportunidades e esperança.

Os líderes carismáticos têm a capacidade de influenciar os seus colaboradores porque têm as seguintes caraterísticas:

- Têm uma visão.
- São capazes de articular a visão.
- Estão dispostos a assumir riscos para alcançarem a visão.
- São sensíveis ao ambiente e às necessidades dos seus seguidores.
- Têm comportamentos pouco usuais.

O líder visionário tem capacidade para criar e articular uma visão realista, credível e atrativa do futuro, a partir da situação atual. Um líder visionário carateriza-se por:

- Ter capacidade para explicar a visão aos outros.
- Expressar a visão não verbalmente, mas através do seu comportamento.

As abordagens contemporâneas de liderança distinguem os líderes dos não líderes pela sua capacidade de transformar, de mudar, de inovar e de exceder os padrões habituais de desempenho.

Anexo
Estilo de Liderança

Grelha de Liderança de Blake e Mouton

As questões seguintes visam analisar os estilos de liderança. Leia cuidadosamente cada uma das questões e reflita sobre a forma como se comporta **normalmente** como líder, usando uma escala 0 a 5, em que 0 significa que nunca procede dessa maneira e 5 que procede ou pensa sempre dessa maneira em situações semelhantes.

nunca		**às vezes**			**sempre**
0	1	2	3	4	5

Teste de Blake & Mouton para Auto-avaliação do Estilo de Liderança

1. ____Encorajo a minha equipa a participar no processo de tomada de decisão e procuro implementar as suas ideias e sugestões.

2. ___Nada é mais importante do que cumprir uma tarefa ou atingir um objetivo.

3. ___Acompanho de perto os planos para assegurar que as tarefas ou os projetos são realizados dentro dos prazos.

4. ___Gosto de ensinar e dar formação às pessoas sobre novas tarefas e novos procedimentos.

5. ___Quanto mais difícil e complicada for a tarefa mais gozo me dá.

6. ___Encorajo os colaboradores a ser criativos nos seus trabalhos.

7. ___Quando superviosiono a execução de uma tarefa complicada, verifico todos os detalhes.

8. ___É fácil para mim desempenhar várias tarefas ao mesmo tempo.

9. ___Gosto de ler artigos, livros e revistas sobre formação, liderança e psicologia e pôr em prática os conhecimentos que adquiri.

10.___Quando corrijo erros, não me preocupo poder deteriorar as relações com os meus colegas.

11.___Sei gerir o meu tempo de maneira muito eficiente.

12.___Gosto de explicar aos meus colaboradores os detalhes de uma tarefa ou de um projeto complicado.

13.___É para mim fácil dividir um projeto importante em várias tarefas mais fáceis de gerir.

14.___Nada é mais importante do que construir uma grande equipa.

15.___Gosto de analisar problemas.

16.___Respeito as capacidades, competências e responsabilidade dos outros.

17.___Não é nenhum problema para mim aconselhar os meus colaboradores sobre a melhor maneira de melhorar os seus desempenhos ou comportamentos.

18.___Gosto de ler artigos, livros e revistas especializadas, que me permitem aprender novos procedimentos e que posso depois implementar.

Grelha de Avaliação

Depois de responder ao teste, coloque a sua resposta nos espaços em branco:

Pessoas	**Produção**
Questão	**Questão**
1._____	2._____
4._____	3._____
6._____	5._____
9._____	7._____
10.____	8._____
12.____	11.____
14.____	13.____
16.____	15.____
17.____	18.____
Total ____	Total_____
X 0.2 =_____	X 0.2 = _____

Multiplicando o total por 0.2 obtém-se a sua pontuação final em cada dimensão.

Coloque a sua pontuação final na grelha de Blake & Mouton, desenhando uma linha horizontal desde a sua pontuação final no eixo vertical ou eixo das ordenadas (**pessoas**) e desenhe uma linha vertical que passe pela sua pontuação no eixo horizontal ou eixo das abscissas (**produção/tarefas**).

No gráfico, o ponto onde as duas linhas se intersetam dá uma ideia do seu estilo de liderança.

O quadrante mais desejado para um líder é a orientação para a equipa (9,9) e tanto melhor quanto mais próximo estiver o ponto de intersecção das duas linhas das escalas 9 na produção e 9 nas pessoas, mas não menosprezar os outros três estilos de liderança. Em certas situações organizacionais, podem revelar-se estilos de liderança adequados e capazes de atingirem os resultados desejados.

Capítulo 3
Comunicação

Vimos no Volume 1 que a direção é uma das quatro principais funções dos gestores e que dirigir é motivar, liderar e comunicar. Nos capítulos anteriores analisámos a motivação e a liderança. Neste capítulo vamos estudar a comunicação (Figura 3.1).

A comunicação é a troca de informações entre dois ou mais indivíduos ou grupos para alcançarem um entendimento comum. Comunicação é um processo pelo qual a informação é trocada e percebida por duas ou mais pessoas, usualmente com o propósito de motivar ou influenciar o seu comportamento. A comunicação envolve a compreensão do significado da mensagem. Se não há compreensão do significado, há transmissão da informação, mas não há comunicação.

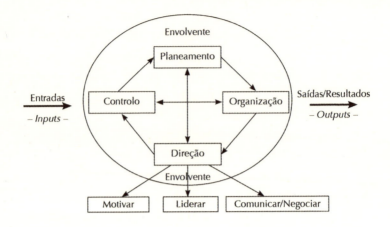

Figura 3.1 A Comunicação como Função do Gestor

O papel dos bons gestores é aumentar a eficiência das suas organizações, melhorar a qualidade dos produtos ou serviços, melhorar a capacidade de resposta aos clientes e inovar nos produtos, nos processos e métodos de fabrico, com vista a ganhar e manter vantagem competitiva.

A boa comunicação é necessária para os gestores aprenderem novas capacidades e novas tecnologias, para as implementar nas suas organizações, para melhorar a qualidade dos produtos e para fomentar a inovação. Melhorar a qualidade implica uma boa comunicação de cima para baixo, de baixo para cima e entre os membros das equipas. Uma boa comunicação pode também ajudar a aumentar a capacidade de resposta aos clientes, quer através da comunicação de fora para dentro, através do departamento de marketing, sobre as necessidades e desejos dos clientes, quer pela comunicação interna dos gestores para os departamentos da organização, com vista a determinarem a melhor forma de responder às preferências dos clientes.

Fomentar a inovação exige também uma comunicação efetiva. Os membros de uma equipa multifuncional que estão a desenvolver um produto devem comunicar entre si e com os outros departamentos para desenvolver um produto que os clientes desejem, que tenha qualidade e possa ser produzido a preços concorrenciais aceites pelo mercado.

A boa comunicação é essencial para uma organização atingir os objetivos de eficiência, de melhoria da capacidade de resposta aos clientes, de melhoria da qualidade do produto e inovação e, por esta forma, ganhar vantagem competitiva das suas organizações. Nestes termos, os gestores modernos devem ter um bom entendimento da importância da comunicação e do processo de comunicação.

A falta de comunicação ou uma comunicação deficiente pode causar problemas significativos à organização, incluindo desmotivação dos colaboradores, falta de inovação, desempenho ineficiente e incapacidade de responder às ameaças e oportunidades do meio envolvente. Dada a sua importância, muitos gestores e políticos procuram melhorar os seus conhecimentos e as suas capacidades em matéria de comunicação.

Importância da Comunicação

Os gestores gastam pelo menos 80% do seu dia de trabalho a comunicar com os outros, o que equivale a dizer que 45 minutos de cada hora de trabalho do gestor são gastos ao telefone, em reuniões, a comunicar diretamente ou conversando informalmente com os outros. Os outros 20% do tempo típico do gestor é gasto à secretária de trabalho, muito do qual está também a comunicar a ler ou escrever.

O papel dos gestores no seu trabalho diário é obter informação no interior da organização ou fora dela e distribuir informação apropriada pelas pessoas ou organizações que dela necessitem. A comunicação dos gestores pode ser dirigida a um determinado fim, como aquela que é dirigida aos colaboradores, com o objetivo de os incentivar a cumprir a missão e atingir os objetivos da organização através dos níveis hierárquicos. Os gestores podem usar diversos métodos de comunicação, como a seleção dos canais adequados, facilitar as comunicações verticais de cima para baixo e de baixo para cima e horizontais, usando comunicações não-verbais e construir redes de comunicação informais que atravessem as fronteiras da organização.

A comunicação está presente em todas as funções dos gestores. Por exemplo, quando os gestores desempenham a função planeamento, eles obtêm informação, escrevem cartas, memorandos e relatórios e reúnem com os outros gestores para formular o plano de negócios. Quando os gestores lideram, comunicam para partilhar uma visão do que a organização deve ser e motivam os colaboradores para atingir os objetivos. Quando os gestores organizam, obtêm informação sobre o estado da organização e comunicam uma nova estrutura. A capacidade de comunicação é fundamental em todas as atividades dos gestores.

O Processo de Comunicação

A comunicação é um processo complexo, sendo inúmeras as possibilidades de enviar ou receber mensagens erradas. O processo de comunicação consiste em duas fases: a fase de **transmissão,** em que a informação é partilhada por duas ou mais pessoas e a fase de *feedback,* que visa assegurar um entendimento comum.

Há dois elementos essenciais no processo de comunicação, sem os quais não há qualquer comunicação: o **emissor** e o **recetor**. A comunicação inicia-se com o emissor, que é alguém que deseja transmitir uma ideia ou expressar um sentimento a outrem. O recetor é a pessoa a quem a mensagem é enviada. O emissor **codifica** a ideia recorrendo a símbolos com os quais compõe uma mensagem. A mensagem é a formulação da ideia que é transmitida ao recetor. A mensagem é enviada através de um canal que é o meio utilizado para a comunicação. O canal pode ser um relatório, chamada telefónica, correio eletrónico ou um encontro face a face. O recetor **descodifica** os símbolos para interpretar o significado da mensagem. A codificação e descodificação podem ser fontes potenciais de erros de comunicação, porque os conhecimentos e as atitudes dos intervenientes podem funcionar como filtros e criarem ruído quando se interpreta o significado dos símbolos. Finalmente, o *feedback* ocorre quando o recetor responde à comunicação do emissor com uma mensagem de retorno. O *feedback* é uma preciosa ajuda para uma comunicação efetiva, porque capacita o emissor a determinar se o recetor interpretou corretamente a mensagem. Sem *feedback* não há comunicação. Finalmente, o **ruído** refere-se a qualquer elemento, físico ou emocional, que afeta ou perturba qualquer etapa do processo de comunicação. (Figura 3.2):

Figura 3.2 Modelo do Processo de Comunicação

Formas de Comunicação

A codificação de mensagens pode ser **verbal** ou **não--verbal**. Verbal é a comunicação falada ou escrita, enquanto a comunicação não-verbal refere-se a mensagens enviadas através da linguagem corporal, gestos, postura, entoação verbal, contacto, expressões faciais ou comportamentos, em vez de palavras.

As comunicações não-verbais ocorrem predominante--mente face a face. Estudos demonstram que durante uma comunicação face a face ocorrem três fontes de comunicação: verbal, que são as palavras faladas, vocal que inclui a linguagem do corpo, o tom e timbre da voz, as pausas e as expressões faciais. De acordo com estes estudos, os pesos destes fatores na interpretação da mensagem são os seguintes: impacto verbal 7%, impacto vocal 38% e impacto facial 55%. As mensagens não-verbais e a linguagem do corpo muitas vezes transmitem melhor os nossos reais pensamentos e sentimentos com maior força do que as palavras, por melhor escolhidas que sejam. Quando as mensagens verbais e não-

-verbais são contraditórias, o recetor usualmente dará maior importância às ações comportamentais do que às mensagens verbais.

As mensagens não-verbais podem ser um importante meio de comunicação se complementarem e apoiarem as mensagens verbais. Os gestores devem prestar especial atenção aos comportamentos não-verbais quando comunicam. Devem coordenar as mensagens verbais e não-verbais, bem como prestar atenção ao que os seus pares, subordinados ou supervisores estão a dizer não verbalmente.

Comunicação Organizacional

O valor das grandes empresas radica cada vez menos nos seus bens tangíveis e cada vez mais nos bens intangíveis (competências, qualidade dos recursos humanos, imagem, posicionamento dos seus produtos, etc.). Daí a importância crescente que os gestores atribuem à comunicação.

Um outro aspeto da comunicação diz respeito à organização como um todo. A comunicação nas organizações flui tipicamente em três direções – comunicação vertical descendente, em que as mensagens e a informação são enviadas da gestão de topo para os subordinados, comunicação vertical ascendente que inclui as mensagens que fluem dos níveis mais baixos da hierarquia para os níveis mais altos e comunicação horizontal em que as pessoas partilham continuamente informação entre os departamentos e níveis hierárquicos (Figura 3.3).

Os gestores são responsáveis pelo estabelecimento e manutenção de **canais formais de comunicação**, que são os canais que seguem a cadeia de comando oficial ou a comunicação requerida pelo posto de trabalho, mas usam também **canais informais**, que são canais que não são definidos pela hierarquia das organizações.

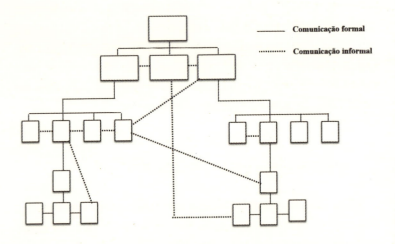

Figura 3.3 Tipos de Comunicação Organizacional

O **rumor** é uma rede de comunicação informal ao longo da qual as informações não oficiais fluem rapidamente mesmo que não sejam verdadeiras. Os rumores, especialmente se não verdadeiros, podem ser perigosos e prejudiciais à organização. Devem ser combatidos com informações oficiais divulgadas através dos canais formais de comunicação da organização.

Um tipo especial de comunicação horizontal é a comunicação em rede, que mostra os fluxos de informação numa organização, consoante o grau de centralização ou descentralização adoptado e a natureza das tarefas (Figura 3.4):

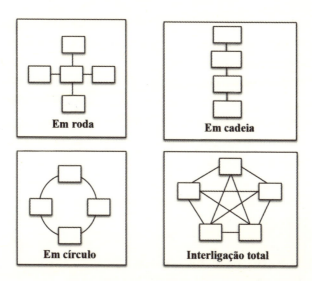

Figura 3.4 Redes de Comunicação em Grupos e Equipas

Numa rede centralizada, os membros da equipa devem comunicar com um indivíduo central que resolve os problemas ou toma decisões. São os casos das redes em roda e em cadeia, em que o grau de interação entre os elementos do grupo é muito baixo, mas proporciona soluções rápidas para problemas simples. Numa rede descentralizada, os indivíduos comunicam livremente com outros membros do grupo. Os membros trocam informação entre eles até que estejam de acordo sobre a decisão. São os casos das redes em círculo e em interligação total, que proporcionam soluções mais lentas para problemas simples. Contudo, para problemas mais complexos a comunicação descentralizada é mais adequada e mais rápida, porque a informação necessária para a tomada de decisão não está restrita a uma pessoa. A rede centralizada provoca poucos erros em problemas simples, mas muitos erros em soluções complexas. Redes descentralizadas são menos adequadas para problemas simples, mas mais adequadas para problemas complexos porque há mais discussão e mais troca de informação.

Num ambiente competitivo global, as organizações tipicamente lidam com problemas complexos. Se as atividades do grupo são complexas e difíceis, todos os membros devem trocar informação, numa estrutura descentralizada, para resolver os problemas. Se as equipas desempenham tarefas rotineiras, gastam menos tempo a processar a informação, podendo as comunicações ser centralizadas.

Capacidades de Comunicação dos Gestores como Emissores

Muitas das barreiras à comunicação nas organizações têm a sua origem nos emissores. Quando as mensagens não são claras, são incompletas ou difíceis de entender, quando são enviados por um meio inadequado ou quando não se assegura que a mensagem foi recebida e bem entendida (*feedback*), a comunicação é prejudicada.

Para removerem as barreiras e para haver uma comunicação efetiva, os gestores quando emitem mensagens devem ter determinados cuidados e possuir ou desenvolver um conjunto de capacidades de comunicação, tais como:

- Enviar mensagens claras e completas.
- Codificar mensagens em símbolos que o recetor entenda.
- Selecionar um meio adequado para a transmissão da mensagem.
- Assegurar mecanismos de feedback.

- Fornecer informação adequada e atempada para evitar rumores.

Estas capacidades ajudam a assegurar que os gestores são capazes de trocar informações, de dispor das informações adequadas para tomar boas decisões e de comunicarem efetivamente com os outros.

Capacidades de Comunicação dos Gestores como Recetores

Mas os gestores, tal como todas as pessoas, não são apenas emissores. Recebem tantas mensagens quantas enviam, ou seja, são também recetores. Para além das qualidades de comunicação como emissores, os gestores devem também ter qualidades como recetores, algumas delas são críticas para que o processo de comunicação ocorra.

Tal como acontece na situação de emissor, os gestores deve possuir ou desenvolver um conjunto de qualidades de recetor, tais como:

- Prestar atenção ao que lhe é enviado como uma mensagem.
- Ser bom ouvinte evitando interromper o emissor, o que não significa que não faça perguntas para clarificar.
- Criar empatia, isto é, tentar entender o que o emissor sente.
- Compreender os estilos de linguagem dos emissores. Pessoas diferentes falam de maneira diferente em termos de velocidade, tom, etc.

Para que a comunicação seja bem sucedida e ocorra sem sobressaltos ou mal entendidos, os gestores, antes de iniciarem uma conversação, devem procurar prever e planear estas situações, designadamente os estilos de linguagem dos emissores.

Comunicação em Tempo de Crise

Durante os períodos de crise, a comunicação empresarial é ainda mais importante. Para criar confiança e resolver os problemas com que as organizações se debatem nestes períodos de grandes desafios e incertezas, os gestores são forçados a desenvolver competências de comunicação, quer com os colaboradores, quer com os clientes e o público em geral. Incorporam ideias como partilha da informação pela organização, através das áreas funcionais e dos níveis hierárquicos, diálogo, *feedback* e aprendizagem organizacional. A comunicação aberta constrói relações de confiança e envolvimento de todos nos objetivos comuns. Outra forma de construir relações de confiança e colaboração é através do diálogo, que é um processo de comunicação em grupo com o objetivo de criar uma cultura baseada na colaboração, confiança e envolvimento nos objetivos comuns. O *feedback* ocorre quando os gestores usam a avaliação e comunicação para ajudar os indivíduos e a organização a aprender e a melhorar o desempenho. Apesar de muitas vezes negligenciado, o *feedback* é, como vimos na Figura 3.2, uma parte fundamental do processo de comunicação.

O que acontece quando uma grande empresa enfrenta uma crise que afeta principalmente a sua imagem? Vejamos o caso do Millennium BCP para encontrar resposta à pergunta.

Muitas vezes as empresas afetadas por problemas de reputação mudam de administração, como aconteceu com o Millennium BCP e mesmo a denominação social, como aconteceu com a Arthur Andersen. O objetivo desta reflexão é dar um exemplo claro e recente sobre a importância que têm os bens intangíveis nas empresas de hoje para compreendermos a importância da comunicação em tempos de crise. A função da comunicação é a proteção dos valores intangíveis, dentro dos quais se encontra a imagem da empresa e dos seus produtos e serviços.

Uma crise é um acontecimento extraordinário ou uma série de acontecimentos que afetam, de forma diversa, a integridade do produto, a reputação ou a estabilidade financeira de uma organização, o bem-estar dos colaboradores, da comunidade ou do público em geral.

Nem todas as crises são iguais pelo que a maneira de as abordar também é diferente. Para enfrentar uma crise, uma organização deve constituir um **comité de crise**, no qual se integra a alta direção e os responsáveis das diversas áreas e, obviamente, a direção de comunicação.

São as seguintes as funções do consultor de comunicação numa organização, especialmente em momentos de crise:

- Reunir toda a informação possível.
- Evitar a ausência de informação, comunicando o mais rapidamente possível.
- Não apressar a comunicação por pressão de grupos de pressão (jornalistas ou outros grupos).
- Determinar a forma de comunicação (comunicados, cartas, emails, intranet, conferências de imprensa, etc.).
- Monitorizar e controlar o alcance da crise.

- Determinar a sequência e a coerência da comunicação.
- Aconselhar sobre a política da companhia em relação a boatos e imprecisões difundidos pelos meios de comunicação.
- Propor um plano de ação para relançamento da imagem da organização.

Por sua vez, o que não deve fazer o consultor de comunicação em momentos de crise:

- Informar sem o prévio conhecimento e aprovação do "comité de crise" e da alta direção.
- Permitir que falem os outros membros do comité sem acordo prévio sobre as suas declarações.
- Mentir sobre informação crucial.
- Fazer reservas sobre dados fundamentais para minimizar o acontecimento.
- Mostrar incompetência, falta de controlo e arrogância.
- Ser insensível às implicações emocionais dos afetados pelo acontecimento.
- Dar informação *"off the record"*.
- Não considerar todas as implicações possíveis do acontecimento.

Finalmente, as crises podem também ser fontes de oportunidades e não apenas de problemas. Se uma empresa gerir bem uma crise, se tiver a oportunidade de atenuar o sinal negativo e de lançar mensagens positivas acerca da empresa, a exposição pública gratuita a que a empresa é submetida pode transformar a crise numa fonte de grande notoriedade. Por exemplo, substituir prontamente uma peça defeituosa numa determinada série de uma marca automóvel ou retirar do mercado um produto defeituoso ou estragado contribui para aumentar a confiança no produto e na empresa.

Existem muitas situações complexas nas empresas que poderiam ter sido evitadas se fossem tratadas com maior transparência e com uma maior consciência da importância da comunicação. Há mesmo quem sustente que com uma comunicação mais eficiente se poderiam ter evitado muitos conflitos nas empresas e muitos conflitos internacionais.

Nos anos noventa, Clinton ganhou as eleições nos Estados Unidos com o *slogan* "*It's the economy, stupids*". Hoje poder-se-ia adotar, com propriedade, o seguinte *slogan* a propósito do sucesso empresarial – "*It's the communication, stupids*".

Resumo do Volume

O objetivo principal deste volume consistiu em analisar a função direção, que constitui a essência do trabalho diário do gestor. Uma vez estabelecidos os objetivos, definidas as estratégias e criadas as estruturas organizacionais necessárias para fazer a articulação entre os recursos e as pessoas, o gestor tem a função de liderar a equipa, de motivar os colaboradores e de comunicar a estratégia aos membros da organização. São estas as três dimensões principais da função direção. Trata-se, sem dúvida, de uma função complexa porque lida com pessoas e as pessoas são os recursos organizacionais mais imprevisíveis e mais difíceis de controlar por parte dos gestores, precisamente porque são seres humanos com emoções, sentimentos e padrões diferentes de comportamento organizacional.

Duas dimensões importantes da função direção são a motivação e a liderança. A motivação procura compreender os fatores internos (motivacionais) e externos (higiénicos) ao indivíduo que motivam ou desmotivam os colaboradores a alcançar os objetivos organizacionais. A liderança refere-se às capacidades do gestor de influenciar os indivíduos de forma a levá-los a que se esforcem para atingir os objetivos organizacionais.

Finalmente, foi realçada a importância e o papel da comunicação, pelo simples facto de que todo o trabalho do gestor envolve comunicação. Um gestor não consegue formular uma estratégia ou tomar uma decisão sem informação e a informação para estar disponível necessita de ser comunicada. Uma vez tomada a decisão, torna-se necessário comunicar essa decisão aos membros da organização. Por melhores que sejam as estratégias e as decisões, não produzirão efeitos práticos se não forem comunicadas aos membros da organização.

Questões

1. Descreva o processo de motivação.
2. De que forma a satisfação das necessidades afeta a motivação?
3. Descreva como podem os gestores motivar os seus colaboradores.
4. Indique as teorias mais recentes de motivação.
5. Defina liderança.
6. Quais as diferenças básicas entre liderança e gestão.
7. Sumarize as teorias mais recentes da liderança.
8. Descreva as perspetivas de liderança transformacional e liderança carismática.
9. Estabeleça a relação entre liderança e tomada de decisão.
10. Todos os CEO deveriam ser líderes transformacionais? Gostaria de trabalhar para um líder transformacional?
11. Entreviste um gestor de uma empresa da sua região. Questione o gestor se ele acredita que a liderança é inata ou pode ser ensinada.
12. Identifique três pessoas, nacionais ou estrangeiras, que considera serem excelentes líderes. Justifique porque considera que são excelentes líderes.
13. Pensa que a liderança pode ser ensinada? E a gestão? Justifique.
14. Defina comunicação interpessoal e comunicação organizacional.
15. Explique as componentes do processo de comunicação.
16. Descreva os elementos do processo de comunicação. Dê um exemplo de cada um dos elementos do processo de comunicação na sala de aula durante a comunicação entre o professor e os alunos.

Referências

Blake, R. & Mouton, J. (1985), The Managerial Grid III: The Key to Leadership Excellence, Gulf Publishing Co, Houston.

Daft, R. L., Kendrick, M. & Vershinina, N. ((2010), Management, South-Western, Cengage Learning EMEA, United Kingdom.

Deanne, N., Hartog, D., Koopman, P. & Muijen, J. (1995), Charismtic Learship: A State of the Art, Journal of Leadership & Organizational Studies, Vol. 2, N° 4, 35-49.

Goleman, D. (2010), Inteligência Emocional, Temas & Debates, Círculo dos Leitores, Lisboa.

Hartog, D., & Koopman, P. (2011), Leadership in Organizations, Handbook of Industrial Work & Organizational Psychology, Vol. 2: 2001, Sage Publication.

Jones, G. & George, J. (2011), Contemporary Management, 7th edition, McGraw-Hill / Irwin, New York.

Lindebaum, D. & Cartwright, S. (2010), A Critical Examination of the Relationship between Emotional Intelligence and Transformational Leadership, Journal of Management Studies, 47:7.

Robbins, S. P. & Coulter, M. (2014). Management, Twelfth Edition, Pearson Education, Upper Side River, New Jersey.